당신이 선명해질 때

당신이 선명해질 때

박수정 시집

도서출판 놀북

시인의 말

나는 어릴 때부터 가지를 싫어했습니다. 혀끝과 어금니 사이에서 흐물거리는 느낌이 마음에 들지 않았기 때문입니다.

그러다 어른이 되어 갑자기 가지가 좋아졌습니다. 씹을수록 부드럽고 단맛이 나며 소화도 잘되는 매력에 눈을 떴습니다.

나에게 시는 가지와 같습니다. 처음엔 이유 없이 꺼렸지만 이제는 나를 자유롭게 하는 존재가 되었습니다.

마음의 틈새에 걸렸던 순간들과 그저 그런 나의 모습조차 시 안에서는 고유한 이유와 감정으로 빛나고 있습니다.

당신도 이 시집에서 잃어버렸던 말랑말랑함을 꺼낼 수 있길 바랍니다. 그리고 시가 당신의 일상에서 새로운 맛과 향기를 더해주길 기대합니다.

2024년 가을
박수정

제1부 빛나는 일상의 조각들

13   꽃게
14   누룽지
15   꽈배기
16   코스모스
17   기차
18   달팽이
19   빗자루
20   바다 조개
22   봉숭아 꽃물 1
23   봉숭아 꽃물 2
24   핫도그
25   떡볶이
26   못 1 -버티는 힘
27   못 2 -뾰족함의 가치
28   분수
29   잠자리
30   장마
31   비누
32   가을의 소나무

33	버섯의 자존감
34	빨대
35	아몬드
36	스티커
37	양파
38	용수철
39	웅덩이
40	은행나무
41	일기장
42	잔디보호구역
44	줄넘기에 담긴 진심
45	지하철 카페
46	초록의 힘
47	정리의 미학
48	치과의 사운드트랙
50	폭포의 속삭임
51	한여름의 땀
52	훌라후프
53	흙
54	우르르르패
56	보름달과 가로등

제2부 빛나는 존재와 순간들

59	가족
60	할머니의 김밥
61	90년대 노래방 풍경
62	봄이 시작되는 길목에서
64	카페에서의 행복
66	머리하는 날
67	길치의 매력
68	엄마의 염색
69	시소 위의 인생
70	기술자 아빠의 일생
72	걱정의 그림자
74	불안의 고백
75	어떤 기도 1
76	어떤 기도 2
77	어떤 기도 3
78	내 삶의 매듭
80	다시 일어나는 힘
82	김처럼 삶을 맛보며
83	추억의 초대장
84	그네처럼 흔들리며

86	입이 패인 자리
88	소꿉놀이
90	달리기의 철학
92	등산
94	분리수거
95	새롭게 지어질 놀이터
96	대학병원
97	아이의 상처
98	초보 엄마의 여정
100	양치의 마법
101	오해와 이해
102	인내의 빛
103	따스한 집밥
104	한밤의 운동 1
105	한밤의 운동 2
106	사람 사이에는 바다가 움직인다
107	우정의 여백
108	마음의 거리
109	내 말이 힘이 될 수 있길
110	내 시도 추어탕처럼

제1부

빛나는 일상의 조각들

꽃게

다리가 많아 남들보다
빨리 갈 수 있지만
한 발 한 발 맞추며
길을 헤매지 않고 걷고 싶어

옆으로도 헤엄치며
어디든 갈 수 있지만
수많은 알을 품고 가는
책임감 가득한 여정을 걷고 있지

껍데기로 감싸여 단단해지면
나와 주변을 지키며 강해질게
익힐수록 부드러워지는 게살처럼
서로를 이해하며 가까워질게
강인함과 우아함이 어우러진 나를
세상에 자랑스럽게 보여줄게

누룽지

기가 눌려도 괜찮아
엉겨 붙고 말라비틀어져도
맛은 다르지 않아

밑바닥을 쳐도 괜찮아
낮은 곳에 눌어붙을수록
더 깊은 맛을 내잖아

누렇게 떠도 괜찮아
갈색으로 그을릴수록
본연의 향기는 살아날 거야

꽈배기

꼬인다 꼬불꼬불
제대로 꼬일수록
더욱더 맛있어서
겹겹이 쌓일수록
자체로 내공이네

코스모스

가을비가 시린 저녁
코스모스 내 앞에 툭 떨어졌지요

어둠 속에서 우산을 펴고 한참을 쳐다만 봤어요
코스모스는 헝클어진 머리처럼 어질러져 있었어요

몇 분 지나면 밟혀 시들 텐데
깃털처럼 피어있던 기억 자꾸만 떠올라
세상이 더욱 무겁게만 느껴졌어요

멍하니 계속 코스모스만 바라보았지요
쓸데없이 콘크리트길 한복판 차지하고는
소리 없이 웃고 있는 거예요

한 번 비에 젖고, 한 번 바람에 흔들리는 모습을 보며
행복이란 참으로 가벼운 것이라 생각했지요

기차

우리의 발걸음이
매 순간 여행이라면
목적지가 있다는 건 행복일 거야

때론 무작정 어딘가 떠난다 해도
전혀 아쉬울 것 없는 선택이지

쳇바퀴 같은 일상에서 벗어나
평행선인 기찻길을 달려보는 건
반복되는 길이라도
우린 그렇게 나아가고 있다는 것

도시와 자연 그리고 침묵
정차와 출발 모든 것이
조화를 이루는 기차처럼
내 마음 안에
커다란 창문 달며 움직이고 싶다

달팽이

아이가 할머니에게 말했다
달팽이는 머리와 꼬리를 늘리며
세상에서 요가를 제일 잘한다고

할머니도 아이에게 말했다
달팽이는 돌돌 말리거나 꼬인 문제도
가장 잘 푸는 동물이라고

달팽이가 우리에게 말한다
비가 와도 세상을 온몸으로 감싸안으며
조금씩 유연해지자고

오늘의 첫발로 내일의 발걸음을 이어가
나를 동그랗게 쌓아가자고

빗자루

뾰족하게 뻗은 머리와
삐죽삐죽한 자신감으로
배짱 있게 살아보자

갈대 같은 마음도
흔들리고 움직이면
정리되고 깨끗해지겠지

언제든 곧게 설 수 있는 뚝심과
어디든 갈 수 있는 자유로움으로
나의 뜻도 펼쳐보자

바다 조개

모래알 틈 사이
조개는
조각조각 부서진
여름 태양이 따사롭다

굳게 다문 입
파도가 실어주는
바람으로 공기를 채우고

껍데기에 하고 싶은 말을 새긴다
바다 나이테를 그리며
겹겹이 담는다

껍데기 곳곳이 팬 골마다
잔물결과 이어져
못다 한 이야기 흘려보내고

뜨거운 온기
온몸에 끌어올라
떡 벌어진 조개 입

입안에 품던 공기

바람이 되어
바닷속으로 스며든다

시원한 바다 향기도 한 아름 안으며
엄마가 끓여준 조갯국 속에서
가만히 숨을 내쉰다

봉숭아 꽃물 1

잘 말린 봉숭아꽃
실로 칭칭 동여맨 연분홍 손톱
결혼식 날 신부 드레스 허리라도 감듯
붉은 살점 한가득 수줍은 분칠하며
설렘으로 가득하겠지

봉숭아 꽃물 2

기억은 시간과 함께 엷어지고
추억은 시간이 흘러 꽃이 된다
그 시절, 차마 못 한 이야기
희뿌옇게 번져간 이야기
오늘따라 발그레한 그리움 되어 맴돈다

핫도그

밀가루옷을 벗어도
꼬치에 달라붙은
햄 하나면 충분해

삶을 관통하는
정체성과 원리는
단순하고 명확하거든

떡볶이

사계절 지나도
언제나 찾게 되는
매콤함 속 생각나는 맛

점심과 야식도 되었다가
저녁과 간식도 되는
따뜻함 속 정겨운 맛

혼자 먹거나
함께 식사해도
익숙함 속 특별한 맛

그렇게 나도 누군가에게
우정의 별미가 되고 싶다

못 1
−버티는 힘

막다른 골목에서
아무도 안 찾는 구석에서
대가 없이 버티는 너

조그만 몸뚱이 하나로
모든 걸 지탱하고
세상의 무게도 받쳐주는 너

누구도 넘볼 수 없는
단단한 콘크리트 벽도 뚫으며
편견 없이 도전하는 너

언제 어디서든 자신의 쥐구멍도
거뜬히 만들어 내는 너를 보며
작은 것의 위대함을 느낀다

못 2
-뾰족함의 가치

뾰족한 것들도
세상을 어떻게 찌르느냐에 따라 다르다

다른 이를 뾰족하게 대하는 건
누군가를 아프게 건드리기에
나쁜 뾰족함이지만

구멍을 내는 뾰족함은
벽과 사물을 연결하는 힘이기에
좋은 뾰족함이다

뾰족함도 쓸모가 있는 법
못의 뾰족함은 자랑스러워할 만하다

분수

물처럼 순리대로 살아가는 게 좋다지만
가끔은 내 인생도 절정에 다다르고 싶다

여기 물줄기들의 재롱잔치를 보세요
삶의 갈증을 시원하게 내뱉는 것처럼
내 존재감을 펼칠 날을 기다린 것처럼

강약과 완급을 조절하며 나아가는 모습이
하나의 온전한 무대로
누군가에게 공감받을 수 있다면

그것 또한 내가 거슬러 만드는
나의 길이 아닐까?

잠자리

그 작은 몸짓 투명한 날개로
파란 하늘을 거울처럼 비춘다

잠자리가 날아가는 곳마다
작은 울림이 되어
어디서나 배경 화면을 만들고

빙글빙글 제자리를 맴돌아도
느릿느릿 앉아서 졸아도
날개에 그려진 줄무늬가
그물망 안식처가 되어주네

주어진 시간 동안
뜨겁고 가볍게 살아낼 수 있다면
그 흔적 또한 아름다우리

장마

여름의 길목에서
빗방울을 땅으로 퍼부으며
하늘도 애도하는 날

세상 풍파에 묵혀 있던
감정의 찌꺼기를
눈물로 씻어내는 날

물 냄새가 그리웠을 나무는
고개를 가만히 떨구며
뿌리마저 흙 속에 깊게 담근다

미련은 후련하게 날려 보내고
휩쓸림도 흐름에 내어 맡기자

흔들림에도 이유가 있다면
고인 웅덩이마저 마를 때까지
우리는 성장통을 겪으며
또 한 번의 어른이 되어간다

비누

손으로 비비면 흰 거품을 내며
얼룩도 새하얗게 만드는 너처럼
내 자존심도 보드랍게 다듬고 싶다

어떤 모양이든 만들 수 있고
깎인 조각도 쓸모 있는 너처럼
내 상처도 밑거름이 되고 싶다

쓰면 쓸수록 닳아 없어져도
향기로 남아 있는 너처럼
내 욕심도 투명하게 비우고 싶다

가을의 소나무

가을의 소나무는
봄과 여름을 자신 있게 물들인
초록이 짙푸르러
청명한 하늘과 조화를 이룬다

우리는 소나무에서 힘을 얻고
나와 누군가에게
아름드리 드리워진 존재가 되어간다

가을에는 나만의 운동회를 열자
소나무처럼 꿋꿋하게 버티면
인생의 줄다리기도 이길 수 있어

비바람 속 먼지도 양분 삼아 자라온 시간
파란 하늘에 비친 당신의 인생은
가을의 명작이어라

버섯의 자존감

버섯은 좋겠다
머리에 우산을 가지고 있어서
언제든지 눈과 비를 막을 수 있으니

버섯은 놀라겠다
수줍게 모자를 쓰고도
어디서나 알아보는 사람이 많으니

그래도 버섯은 멋쟁이다
빗물로 땅이 축축할수록
고개를 드는 꼿꼿함을 지녔다

빨대

빨대는 엘리베이터다
우리가 먹는 주스를
입까지 전달해 주는
기다란 통로

먹고 싶은
한입을 채우려
입김을 빨아당기면
화다닥 속도가 붙네

나도 원하는 걸
휘리릭
마음껏 당겨보고 싶다

아몬드

겉은
갈색 껍질과 주름으로
연륜 가득

안은
새하얗게 꽉 찬 알맹이로
영양 가득

이 작은 씨앗 하나가 전하는
생명의 깊이와 맛

아몬드는 손톱만 한 크기로도
에너지를 담아내는 법을 안다

스티커

우리가 하는 매 순간의 선택도
떼었다 붙였다 할 수 있는
자유로움으로

어쩌다 실수해도
다른 모양과 색깔의 스티커를
마음껏 붙일 수 있다면

혹시나 잘못된 선택을 해도
스티커를 떼어내듯 흔적을 지우고
새롭게 시작할 수 있다면

인생에서 격려가 필요한 순간에
스티커처럼 진하게 달라붙어
나와 우리를 응원한다면

그런 순간들이 쌓여
우리의 삶을 빛나는 그림으로 만들어 갈 거야

양파

깊이 깔수록
하얀 속살이
겹겹이 나오는
매력덩어리

계속 썰수록
알싸한 향기에
눈물이 나도 참는
인내심 덩어리

삶이 알쏭달쏭할 때
양파처럼 둥근 미로를
끝까지 따라가며
매운맛도 느껴보자

입안에서 씹을 때
끝내 단맛을 내는 양파처럼
몸소 겪어보고 부딪히며
궁극에 도달해야지

용수철

한 번에
성공하지 못해도 괜찮아
처음부터 앞서갈 수 없듯이
첫발보다 강한 건
뒷심이니까

예상치 못하게
다른 결과가 나와도 괜찮아
지금까지 충분히 잘해왔고
끝내 더 높이
튀어 오를 테니까

매 순간의 실패가
더 큰 날갯짓을 준비하는 것처럼
우리에겐 반전이 있으니까
괜찮아
다시 일어나면 돼

웅덩이

흐르고 흐르다
잠시 숨을 고른다
물도 움직이다가
쉬어갈 휴게소가 필요했겠지

비 오는 날
장화를 신지 않은 아이들은
물을 튀기는 게 즐거워
양발로 신나게 리듬을 탄다

사실 웅덩이의 비밀은
발을 깊이 넣을수록
작은 바다가 숨겨져 있어
무심코 발을 담그면
큰 폭포가 되어 튕겨 나오네

어딘가에 잠시의 머무름도
누군가에게 즐거움일 수 있다면
순간의 찰랑거림과 파동은
잔잔한 감동으로 번져간다

은행나무

밤의 은행나무는
하늘에 박제한 별처럼
이 순간 아름답게 빛난다

은행잎들이
옹기종기
노오란 손을 가득 벌리면

가로등 불빛도 모여
하늘을 따뜻하게 토닥이네

낮에는 환한 햇살을
밤에는 고즈넉한 달빛마저
아낌없이 받아들이고 싶다

가을이 여무는 풍경에
찰나의 반짝이는 순간이 더해진다

일기장

인생은 생방송
지금 흘러가는 이 순간도
잠시 붙잡아 꼭꼭 담아본다

내 앞에 켜켜이 드리운 안개를 걷어내고
내 삶의 촛불 하나 밝히는 시간

꾹꾹 적어 내려간 글자들이
빛나는 은하수가 되어
지금까지의 여정을 만들고
나의 길을 환히 밝혀주길 소망한다

잔디보호구역

공원을 한 바퀴 도는데
잔디 재생 및 회복 기간이란
글씨가 적혀 있다

잔디보호구역에서는
초록이 더욱 짙어지고
꽃들이 모여 춤을 추며
물을 가득 머금고 자란다

어린 새싹들은 처음으로
흙을 뚫고 나와 얼굴을 내밀고
존재감을 뽐내며 세상을 대한다
여기 보세요, 저도 있어요

강아지들은 잔디밭으로 뛰어들 때마다
주인의 손에 이끌려 나오며
저절로 자연의 규칙을 배운다
여기서는 뛰면 안 돼요

자연은 만물의 기다림을 가르치고
우리에게 감성이 열리는 시간을 준다

잔디보호구역을 보며
우리도 스스로 보호받는 세상을 그려본다

줄넘기에 담긴 진심

어릴 때는 하늘을 우러러
사뿐사뿐 움직였지

어른이 되니 땅바닥을 향해
덜컹덜컹 뛰고 있어

그동안 높이 바라보느라
손에 닿지 못한 꿈도
이제는 리듬을 타면서
당당히 누려볼 거야

지하철 카페

아이에게 카페는
웃음소리가 가득한 놀이터
새콤달콤한 주스가 기다리는 마트

아이는 지하철에서도
카페의 기쁨을 찾는다

자동판매기 앞에서 눈을 반짝이고
의자에 앉아 음료수를 마시며
지나가는 사람들과 전동차를 바라보면
이 시간은 아이에게 축제가 되네

새로운 소음은 수수께끼로 다가와
무슨 소리인지 찾아가는 재미로 채우고
조용한 순간은 호기심이 되어
다음 지하철이 오는 기다림으로 바뀐다

아이에게 지하철은
생동감이 넘치는 카페다

초록의 힘

아이의 유치원을 데려다주는 길
길가에 혼자 피어 있던 채송화가
초록을 만나 생동감을 찾는다

주변의 잔디와 나뭇잎과 조화를 이루며
햇살 아래 싱그럽게 빛난다
한 송이 홀로 피어서도 주인공이 된다

채송화가 초록 덕분에
외로움을 고독으로
심심함을 고요함으로 받아들였구나

채송화처럼
매 순간 자라는 엄마의 모성도
초록이 가진 힘처럼 깊고 넓었구나

정리의 미학

정리는 공간뿐만 아니라
내 생각과 인생을 다듬는 과정

낡은 사고와 습관과도 헤어지며
손때 묻은 추억과 이별하는 예식

읽고 싶은 책들로 산더미인 책상
한 번에 청소하겠다며 쌓아놓은 도구들
스케줄이 빼곡한 다이어리 앞에서
욕심이 더 부자였음을 깨닫는다

완벽주의와 미루기 사이에
있던 것들을 하나씩 치운다

삶의 무거운 짐을 벗어놓으니
공간과 마음
둘 다 홀가분하다

치과의 사운드트랙

윙과 잉
드릴 소리가
머리까지 울리면서

식와 쉬
이빨 사이로
바람이 들어오고

드르륵
이 갈리며
코에 스며드는 탄내와

취이이
물을 뿌릴 때
갑자기 시린 통증까지

치과에 가면 어른도
언제나 아이가 된다

들어오세요 소리에
마음의 준비를 마치고
치과 의자에 누울 땐

다리마저 긴장하게 되는 곳

치과에 오면
그동안의 습관들이
파노라마처럼 지나가
순식간에 성찰하게 되지만

언제 그랬냐는 듯
모든 소음을 이겨내면
다시 찾아오는 달콤한 평화에
일상의 평온을 유지한다

폭포의 속삭임

목마른 그리움을
가득 토해낸다

응축된 한을
시원히 풀어본다

윗물이 맑아
아랫물도 정화한다

귀여운 배짱으로
물도 튀기며 노크한다

폭포의 울림은
우리의 마음도 씻겨주고
잠들었던 감정마저 깨운다

한여름의 땀

햇빛이 쨍쨍 비치는 날
아이의 등과 머리마다
이슬이 주르르 맺혔다

얼굴에 흐르는 물방울
입에 저절로 닿아 맛보니
아이는 짜다고 말한다

엄마가 웃으며 이야기한다
땀은 바다의 소금처럼
우리 몸의 작은 호수야

땀은 여름의 비밀을 품고
몸속에서 한바탕 춤을 춘다

땀은 언제나 정직하게
우리 몸에 반짝이는
작은 여름의 증거야

훌라후프

뱃살 빼고
날씬해지자고
있는 힘껏
빙빙빙

작심삼일이어도 좋아
이어서 반복하면
습관이 되는 거지

내 의지도
자유롭게 흐르도록
있는 힘껏
순환시키고 싶다

흙

물을 듬뿍 적시면
미끄덩한 진흙으로 변하지요

다른 것과 섞여도
자신을 낮출 줄 아는 겸손함과
뭉쳐서 응집하는 자신감이 동시에 있어요

기운을 빼고 내려놓음이
더 커다란 힘이란 사실을 알고 싶어요

흙처럼 유연하고 강인하게
나만의 길을 만들어 가요

우르르르패

아이가 하루 중 물컵과
신나게 소통할 때는
양치하고 나서 헹굴 때다

아이는 물컵에
자신만의 이름도
새롭게 지어주었다

우
  르
    르
      르
        패

양치를 마치는 신호이자
즐거운 물소리가
반짝이며 노래한다

리듬을 타며 오늘도

    우
    르
    르
    르
    패

물줄기는
경쾌하게 흘러간다

보름달과 가로등

밤하늘 높이 뜬 보름달을
휴대전화로 찍으니
가로등과 똑같이 보이는 마법

눈을 들어 올려보니
가로등이 하늘로 올라가
보름달이 두 개가 되고

눈을 내려보니
보름달이 땅으로 내려와
가로등이 두 개가 되네

보름달과 가로등이 하나 되는 풍경은
눈에 보이는 것이 전부가 아님을 알려주네
편견과 짐작은 흐릿한 이미지일 뿐
뚜렷한 사실이 아니라네

하늘과 땅의 경계가 허물어진 밤
마음속 두 개의 빛이 밝혀지고
나누어진 생각들이 하나로 합쳐지네

제2부

빛나는 존재와 순간들

가족

삶이 악보라면
가족은 오케스트라이다
서로 다른 악기로도
하나의 노래를 만들어 간다

지휘자가 바뀔 때면
화음을 맞춰가며
높은음자리표 낮은음자리표 도돌이표 사이에서
우리는 나답게 자리를 찾아간다

가족이란 이름으로
우리는 날마다 리듬을 새로 쓴다

빠른 알레그로와 느린 아다지오
앞을 향해 전진하는 스타카토로
사랑과 이해의 곡을 작곡해 나간다

할머니의 김밥

단골집 80세 할머니에게 김밥은
자식들 잘되게 해달라고
새벽부터 소원 담아 만든
묵직하고 굵직한 그 무언가다

어쩌다 사람의 인생도 때가 되어
원하는 일이 돌돌 말려
한 번에 풀리면 좋겠다고

시금치 단무지 계란 가득 넣고
든든히 먹어야 마음도 찬다며
깨도 앞뒤로 듬뿍 뿌린다

할머니의 따뜻한 정만큼
손에 집히는 두툼한 동그라미
이제는 잡을 수 없지만

서로 버무린 재료들처럼
우리네 인생도 둥글둥글하게
고소한 참기름 냄새나는
복을 느낄 수 있길 그려본다

90년대 노래방 풍경

금영이냐 태진이냐 선택의 문제로다
우리 시대 명곡들이 교과서보다 재미있네
교복 단추 두 개 풀고 한쪽 바지 대충 접어
탬버린 엇박자도 여기에서는 최고 화음

옆방에서 들려오는 똑같은 가사 소리
손을 꽉 마이크 잡고 목청 더 높여보네
어느새 밖에서 기다리는 사람 보며
마지막 곡 메들리로 신나게 놀아보자

한 시간은 십 분 같아 두 시간은 기본이지
다섯 글자 노래 번호 영어보다 암기 빨라
언어영역 지문보다 힙합 가사 더 와닿네
소리 크면 모두 백 점 가수 소질 충분하대

봄이 시작되는 길목에서

3월, 봄이 오고 있단다!

추운 바람도 시원하게 느껴지는
짧은 순간의 스침
햇살 아래 의자에 앉아
가만히 숨을 내쉬는 여유를 갖는다

천천히 머물면서 느껴본다
삶은 움직이고 나아가면서도
그동안 알아주지 못한 보석 같은 나를
관찰하고 발견하는 것임을

나아가 봄꽃을 기다린다는 건
내 삶의 에너지도 충만하게
영그는 순간을 확신하는 것임을

마음과 생각의 걸림돌은
디딤돌로 보듬어가는 시간을 응원한다
가슴과 발걸음이 함께 손잡으며
자유로운 봄의 왈츠를 느낄 순간도 기대한다

꽃은 피고 지지만

나다운 생명력은 이제부터 시작임을

올해 봄부터 나는
내 삶의 결을 믿어보기로 했다

카페에서의 행복

길모퉁이 우연히 발견한 카페에서
가격에 신경 쓰지 않고
내가 먹고 싶은 메뉴를 골라요

어젯밤부터 머릿속에 그린
시원한 아메리카노와 디저트를 결제한 다음
초록 식물로 둘러싸인 카페에서
은은한 전등 불빛 아래
내 목이 감기는 쿠션에 기대어
아늑한 시간을 보내요

햇살이 내리쬐는 창가에 앉아
잔잔하고 고요하지만
나름의 비트와 질서가 있는
활기찬 음악을 들어요

두 손은 바쁘게
노트북 키보드를 사각거리며
나만의 온전한 시간이 주는
행복감도 마음껏 느껴봐요

이 순간이 영원할 것처럼

그려지는 이 카페에서
두 시간을 반나절처럼 앉으며
나의 꿈을 조용히 그려봐요

지금 이 순간
나는 주어진 시간을 부자로 쓰고 있어요

머리하는 날

싹둑싹둑 단발로 자른 머리
바닥에 흩어진 긴 머리카락을 보며
일상의 걱정과 근심도 비운다

밖에 나가니
나무에 드리운 그림자가 내 머리를 가리며
바람도 흔들흔들 머리카락에 노크하네

햇살도 송골송골 땀을 부른다
가벼운 걸음이 마음을 스친다

새로운 공기에 기대어
기분 좋은 설렘이 피어나고
작은 변화가 큰 웃음을 만든다

비우는 만큼 채워지는 거라고
사뿐사뿐 뛰어가는 걸음마다
내 마음에 푸른 그늘이 드리운다

길치의 매력

남들은 나에게 길치라고 한다
내가 생각해도 길치가 맞다

남들에게 똑같은 건물도
낮과 밤에 본 모습이 다르니
처음 가는 곳은 늘 미로 같다

지도를 봐도 굽이굽이 돌아가고
한 번 방향을 놓치면
지구 반대편으로 가는 듯하지만

이제는 주변을 살피면서
목적지에 도착하는 방식을 탑재하기로 했다

길을 잃어도 괜찮다
새로운 풍경이 내게 말을 걸고
낯선 거리에서 예상치 못하게
숨겨진 보물을 찾는 기쁨도 있기에
나의 작은 방황이 때론 큰 발견이 된다

낯섦도 창조로 받아들이며
신선한 결과를 낼 수 있음을 열어놓기로 했다

엄마의 염색

삼십 대 후반부터 흰머리가 나온 엄마
어렸던 나는 엄마가 매달
시간의 흔적을 염색약으로 덮으며
친구들한테 할머니 소리를 안 듣길 바랐다

이십 대가 되어 나는 일 년에 두 번
새로운 색으로 염색하며 기분 전환을 했다
나는 엄마한테도 색깔을 바꿔가며
멋 좀 부려보라고 신나게 얘기했다

이제는 나도 엄마가 되어 두 달에 한 번씩
엄마가 하던 염색을 따라 한다
엄마의 색을 내 머리에도 입히며
엄마를 닮아가는 나를 발견한다

나도 엄마처럼 머리에
시간과 세월을 물들여간다

시소 위의 인생

내 마음 한쪽에 작은 시소가 있다면
기쁨과 슬픔이 복닥거릴 때마다
균형을 맞춰보고 싶어요

여러 감정이 하늘과 땅을 오가며
서로 받쳐주는 순간을 느껴보면
관계에서도 중심을 잘 잡을 수 있겠죠

어떻게 서로의 무게를 나누고
어떻게 홀로 채워야 하는지도
올라가고 내려감의 반복에서 알 수 있어요

내 마음 안의 시소가 잘 자리 잡으면
인생에서도 한순간의 무게를 견디며
다음 웃음으로 넘어갈 수 있을 거예요

기술자 아빠의 일생

당신은 20대부터
용광로와 불빛
공장과 야근과 친합니다

동생들의 학비를 충당하고
미래의 기반을 다지고자
삼 년간 해외 산업현장에 나가
청춘의 열정을 바치기도 했습니다

가족을 지키기 위해
가공과 용접과 절단까지
삶의 기술을 연마하고
세상과의 연결고리를 만들어 주셨네요

하나의 완전한 기계를 만들려면
부품들이 서로 맞물려 돌아가며
제 몫을 다해야 하는 것처럼

나사와 볼트, 송곳과 드라이버로
일흔 넘게 생계의 수평을
맞추고 일궈가느라 애쓰셨습니다

당신의 삶이 저를 떠받치는 힘이자
나아가게 하는 원동력임을 이제는 압니다

오늘도 새벽부터 작업을 시작하며
콧노래를 부르는 당신은
우리 가족의 대장장이입니다

걱정의 그림자

걱정은 그림자처럼 불쑥 찾아와
덩그러니 자리 잡은 공간 속에서
머릿속을 어지럽히는 파도와 같다

내 마음도 어질러진 날에는
한 줄기 선명한 기억도
책상 위 흩어진 영수증처럼 날아다닌다

파쇄기에 넣어 영수증을 갈아버리듯
걱정도 달아나면 좋겠지만
현실은 반대로 불안한 마음을 떠안을수록
점점 더 큰 돌덩이로 쌓여 내 안에 들어오네

어둠의 밤이면 늘어지는 그림자들도
새벽 햇살에 은은히 사라져가듯
매 단계를 한 발 한 발 극복할 때마다
새로운 해결의 문도 열릴 수 있길

긴 밤 끝에 떠오르는 아침처럼
고요한 마음을 껴안는 밝음으로
걱정을 넘어서는 미래의 세계를 상상해 본다

이 순간 내가 할 수 있는
단 하나의 긍정적인 의미 부여!

나는 멈추지 않는 성장을 하는
이 세상의 당당한 여행자임을 기억하리라

불안의 고백

아무한테도 말하지 못한 나
하느님께만 고백하며 홀로 울고 있어요

이 시기의 취미이자 특기는
불안을 액세서리처럼 달고 살아요

자유와 불안이 줄다리기하다
불안이 승리해 정신이 꼼짝 못 하도록
밧줄로 묶어놓는 느낌이에요

약을 먹어도 내 가슴을
수십 번 망치로 내리찍는 기분이에요

날마다 고통이
심장의 가장 깊은 곳까지 파고들어
내 마음이 영원히 채워지지 않을 것만 같아요

지금은 희미한 반쪽짜리 빛마저
생명줄이 된다는 걸 배워요

어두운 터널 끝에
오늘의 불안도 사라질 날이 오겠지요

어떤 기도 1

진심으로 바라는 소원이 있지만
지금이 때가 아니라면
내 바람도 연필처럼 깎여
반듯해지도록 도와주세요

기다림조차 힘겹고
지켜볼 용기조차 없을 때
바다를 비추는 등대처럼
묵묵히 견뎌낼 수 있도록 도와주세요

간절한 바람이 내 안의 결핍이 되어
스스로 괴롭히지 않게 하시고
나를 온전히 비워내며
새로운 뜻으로 채워가도록 도와주세요

정답보단 해답을 찾아가는 인생길에서
지혜를 청하며 하루하루를 나아갑니다
두 손을 모으며 기도하는 시간만큼은
가장 깨어 있는 순간임을 기억하게 하소서

어떤 기도 2

날마다 반복하며 드리는 내 안의 기도가
허공을 향해 메아리치는 것만 같을 때
폭풍처럼 쓸어내리는 절절한 마음이
망망대해에 표류하는 것만 같을 때

어둠 속 홀로 선 내 모습이
움츠리고 무기력한 마음이지만
흔들리는 믿음 속에서도
계속 기도하며 나아갑니다

마음이 슬프고 힘든 날에도
두려움과 희망이 동시에 하늘에 닿길
날마다 쌓아가는 기도의 힘으로
누군가의 아픔도 헤아려지길

서로 함께하는 기도가
우리의 인식과 일상의 한계를 허물고
조용하지만 강력한 힘이 되어
우리의 영혼을 채워가길 소망합니다

어떤 기도 3

하늘을 향해 드리는 나의 기도가
간구에서 감사로도 나아갈 수 있다면
시련 속에서도 믿음 하나로
어떤 결과라도 받아들일 수 있는 기도라면

나를 옭아맸던 것에서 벗어나
기쁨의 기도를 올릴 수 있다면
존재 자체로 행복함을 느끼며
찬미하는 기도를 할 수 있다면

항상 나를 위한 기도로 바쁘다가
기꺼이 다른 사람의 기도도 할 수 있다면
날마다 조금씩 했던 기도가 쌓여
어느 순간에 힘이 됨을 확신할 수 있다면

나를 좌절시키는 것을 받아들이고
문제라 여겼던 것에서 벗어나면서
지금 여기에서 진정한 나일 수 있다면
이 길이 복된 여정임을 믿습니다

내 삶의 매듭

어떤 일이 복잡함을 느낄 땐
지금 이 시간이 나에게
엉킨 실을 푸는 과정이라 생각하기로 했다

얽히고설킨 매듭들이
제대로 꼬인 내 마음 같아
보기만 해도 막막할 때가 있지만

인생은 실로 무언가를 짜는 것만큼이나
매듭을 푸는 과정도 중요함을 깨달았다

누구나 보이지 않는
자신만의 매듭이 있기에
각자의 시기와 때를 기다리며
기다림과 인내를 배운다

길고 고요한 과정에서
한 땀 한 땀 살아내면
내 안의 강한 매듭이 결속의 힘을 발휘해
또 다른 연결고리를 만들겠지

매듭을 푸는 것과 짜는 것 모두

내 삶의 직물을 만드는 과정임을
인생의 전환점에서 알아가고 있다

다시 일어나는 힘

노력을 해도 계속 넘어지는 것만 같을 때
무언가를 열심히 해도 단기간인 느낌이 들 때
상황이 좋아지고 있다고 굳게 믿으면서도
예상치 못한 두려움을 느낄 때

주변에 친한 사람은 있어도 진짜 이야기를 할 곳이 없을 때
믿을 만한 사람한테 털어놓아도 소문이 날까 봐 불편할 때
모든 일에 일희일비하며 반응하는 나를 볼 때
정작 큰일만 해오다 보니 일상의 기쁨을 느끼지 못할 때

우리가 낯설고 험한 길에서 넘어졌다고 해서
무조건 진 것만은 아니라는 확신을 얻고 싶을 때
땅바닥에 코가 깨질지라도
중심을 잡으려는 과정 자체가 위대함을 느끼고 싶을 때

자신의 소중함과 더불어
어디서나 살아갈 힘과 갈 길이 있음을 확신하고 싶을 때
그 자리를 밝게 비춰주는 기운이
내 삶으로도 연결됨을 인식하고 싶을 때

넘어지고 다시 일어서는 순간마다
바로 그곳에 진정한 내가 있다
상처는 단순한 아픔이기보다 나를 단련하는 힘이 되어
내 안에 강해진 증거로 새겨진다

나를 일으키는 힘은 쓰러질 때마다
다시 일어설 수 있는 믿음이 되어
나는 다시 새롭게 피어난다
오늘도 나를 발견하는 기적을 만들어간다

어떤 상황에서도 자신을 잃지 않고
새로운 길을 개척해 나가는 순간이 내 삶을 빛나게 한다

김처럼 삶을 맛보며

구워지면 바사삭 고소한 소리
나물에 뿌리면 짭조름한 풍미
기름에 튀기면 단단한 갑옷
참기름에 말면 부드러운 비단옷

나는 부모님의 딸이자
한 아이의 엄마로
삶이란 소재에서 시를 쓰는 작가이자
나 자신으로서 주체적으로 살아가네

누구나 주어진 일상에서
김처럼 변신하며
매 순간 최선을 다해
삶을 더 맛있게 만들어가네

나도 세상의 다양한 맛을 살리네

추억의 초대장

친구가 집을 정리하다 발견했다는
이십 년 된 학창 시절의 편지들

케이크와 촛불을 그린 생일 카드
고사리손으로 선물을 포장하던 순간들

시험이 끝난 날 밤늦게까지 나눈
위로와 격려들

졸업을 앞두고 적어 내려간
이별의 아쉬움과 새로운 시작을 기약했던 말들

크리스마스가 다가오면
작은 선물을 주고받던 순간까지

백 장이 넘는 편지들 속에서도
빛바랜 날짜에서 발견한
'우정의 초심은 여전히 빛난다'

우리는 일상 속 초대장을 적어 가며
앞날의 정을 쌓아 올렸는지도 모른다
행복의 확인은 언제나 유효하니까

그네처럼 흔들리며

아이들의 웃음과
어른들의 꿈이
공기를 가르며
저울추처럼 오가는 시간

하늘을 향해
줄을 밀고 당기며
머리와 얼굴을 뒤로 젖혀
바람의 자유를 느낀다

그네는 비행기다
그네를 탈 때마다
우리는 손과 발을 가득 뻗으며
날아오를 준비가 되어 있다

평소에 잘 놀다가도 시험 기간이 싫을 때
일을 하면서도 성과의 압박이 몰려올 때
머릿속에 복잡한 일로 오락가락할 때
그네를 타며 느끼던 행복은 언제라도 고맙다

가끔 우리는 삶에서
높이 오가는 그네처럼

흔들리며 재충전한다

그리고 다시 날아오른다

입이 패인 자리

양치하다 칫솔이 잇몸에 부딪혀
일주일 동안 하얀 구멍이 커지다가
오늘 아침 거울을 보니
패인 구멍이 거의 아물었다

불편한 쓰라림이 나아지니
걸리적거리는 느낌이 줄어
편안하고 다행이란 생각도 잠시
갑자기 부모님이 생각난다

부모님의 삶도 순간마다
생의 구멍을 메우는 건 아니었을지
간절히 쉬고 싶고 아팠던 순간에도
생계를 놓지 못한 장면도 떠올라
내 목구멍마저 아려온다

가족의 책임을 지는 자리를
부모님은 평생 참아낸 걸까
구멍 난 자리마다 덧대고 메우며
비바람 속에서도 흔들리지 않는
부모님의 인생을 떠올리니

오늘 아침 거울 속에 비친 내 모습이
엄마 아빠의 사랑임을 깨닫는다
헐었던 입안이 메꿔진 자리처럼
마음속 깊이 새겨진 흔적들을
고이 간직하며 살아가야겠다

소꿉놀이

아이스크림 막대는
우리 집 젓가락
길가의 풀들은
우리 집 야채
물에다 흙을 넣고 섞으면
우리 집 커피

당신 오늘 일찍 와요
너희들 밥 많이 먹어야 키 큰다
엄마 등에 어부바하자
아이마다 함박웃음 가득 싣고
저마다의 하늘을 그리던 시절

콧수염 달고
근엄한 아빠가 되어 보고
앞치마 입고
다정한 엄마도 되어 보고
아장아장 기어다니는
귀여운 아가도 되어 보면서
동네 친구들 한 가정을 이루던 시절

서툰 몸짓 속에

정겨움 넘치던 날들

놀이가 인생을 넓혀 주었네
이제는 어른이 된 우리
첫 마음 변치 않고 순수하게
하늘을 우러러 예쁘게 살아가세

달리기의 철학

한 걸음 한 걸음씩
세상의 품에 발자국을 디디며
나만의 평행선을 이어간다

달리는 순간에 집중하면
미세한 바람이나 길의 굴곡은
사소한 부분일 뿐

발걸음을 떼는 시작은
오늘의 문을 열어주는 열쇠가 되고

달리는 의지와 기록은
오늘의 열매이자 보물이 된다

나를 넘어서는 순간을 만나면
자신이 얼마나 강한지도 발견한다

달리기는 시작과 끝을 넘어서
꾸준함과 인내를 가르쳐 준다
완성을 위해 나아가는 것이
진정한 목표임을 알려 준다

달리기는
세상을 향해
끝없는 가능성을 품는 여정이다

등산

비바람과 햇빛이 동반하는 길
그림자가 교차하는 순간들
오르막이 힘겨워도 포기하지 않으면
내리막에선 수월함과 깨달음이 기다린다

결승선 대신 정상이 있는 산은
우리에게 이정표를 제시하고
사람이 갈 수 있는 길을 비추며
희망과 성취를 속삭인다

옛 어른들은
등산을 인생의 여정이라 했는데
나도 커가며 깊은 뜻을
조금씩 이해해 간다

산을 오를 때마다
물의 속삭임과 새소리에
내 숨결을 실어
매 순간
발걸음을 맞춰간다

자연이 전하는 멜로디를 배경음 삼아
산의 품속에서 나를 마주하며
길 위에서 삶의 진리를 배운다
한 걸음 한 걸음이 곧 인생의 여정임을

분리수거

인생이 밑바닥일 때
분리수거를 하며 깨닫는다

캔류
종이류
고철류
플라스틱류
음식물쓰레기까지

쓰레기도 원래는 하나의 제품이었을 텐데
나는 내 쓰임을 제대로 알지 못했구나

쓰레기도 명칭이 있는데
나는 내 감정의 이름조차 몰랐구나

분리수거하는 과정처럼
나도 순간마다 의미를 찾는 법을 배워야겠다

새롭게 지어질 놀이터

오랜만에 놀이터 공사 현장을 보니
어른이 된 내 마음에도
몽글몽글한 설렘이 찾아와
완성될 조감도를 열심히 살펴본다

바구니 그네
놀이탑
징검다리 놀이대
이름만 들어도 새로운 놀이기구와

밤낮 신나게 뛰노는 아이들의
웃음소리까지 환하게 그려본다

땅을 파고 구조를 세우는
놀이터 공사장이
오늘 아침 나에게는
꿈을 찾고 짓는 순간이기에

철근과 콘크리트의 열기에서도
모락모락 피어오르는
내 동심은 햇살이 되어
미끄럼틀을 타고 넘나든다

대학병원

어른들이 경계한 대학병원의 문
잘못 걸리면 큰일 나는 고요한 소리

채혈과 검사의 무한한 반복
두근두근 떨리는 마음속 불안한 노래

진료실 앞에 빼곡한 대기자들을 보며
은행 창구에서 번호표를 뽑아 기다린 때가 그립다

의사 선생님의 지시대로 약도 꼬박꼬박 먹었고
약속도 잘 지켜 이제는 병원을 졸업하고 싶은데

추적관찰과 경과를 더 지켜보잔 이야기에
출구보단 미로가 열리는 느낌이지만

어린아이에게 이곳은 병원 놀이의 천국이고
지하 식당과 카페가 있어 즐겁기만 하다

아이의 상처

유치원에서 집으로 오는 길
아파트 놀이터로 달려가자마자
순식간에 아스팔트에 넘어져
얼굴과 팔에 상처를 남겼다

약국으로 달려가 연고 한 통을 사고
그 자리에서 바른 연고는
십 분 만에 흘러내려 가렵다며
소매로 얼굴을 닦는 아이

여러 번 발라준 연고를 뒤로 하고
아이는 몇 번이고 놀이터를 가지고
돌림 노래를 부른다

크고 작은 상처보다는
순간의 즐거움을 택하는 아이를 보며
어른인 내가 마음의 상처를
간직하고 또 곱씹는 건 아닐지
아이의 말에 울림과 웃음이 감돈다

어쩌면 어른들은 아이의 눈빛 속에서
배워야 할 것이 훨씬 많을지도 모른다

초보 엄마의 여정

내가 감기에 걸리면
자리에 편안히 눕고
어떻게든 쉴 틈을 찾으면서

아이의 감기 소리가
조금이라도 들리면
안절부절못하는 엄마네요

작은 기침 소리에
마음이 쪼그라들고
밤새 콜록거리면
혹시나 열이 날까 봐
온몸이 긴장해요

아무리 피곤해도
그리운 잠을 참아내며
아이가 빨리 나아
잠시라도 쉬는 꿈을 꿔요

약을 먹이며 며칠을 보내고
문득 생각해요
언제쯤 여유를 찾을까

익숙해질 틈도 없이
엄마의 길은 여전히 멉니다

양치의 마법

아이의 이에 치약을 바르니
입속에서 보글보글
비눗방울이 춤을 춘다

매일 세 번, 든든한 거품이
세균과 싸우며 활약하고

딸기를 먹으니
빨간 거품이 쑥
초코아이스크림을 먹으니
갈색 거품이 동글

몽실몽실 하얀 거품 앞에서
군것질도 충치도 숨길 수 없네

양치할 때마다
거품이 비밀을 쫓아내듯
우리의 작은 거짓말도
환하게 드러나기 마련이라네

오해와 이해

오해와 이해는 한 끗 차이야

오해할 때는 머리가 먼저 판단하며
방어하는 말도 세트로 따라가네
우리 마음은 미로 속에서 헤매지

이해는 가슴에 귀를 기울이며
생각과 말을 부드럽게 데우네
우리 마음은 연결의 힘을 느끼지

오해와 이해는 서로 반대야

오해는 한겨울의 바람처럼
서두르며 매섭게 몰아치고
이해는 봄날의 햇살처럼
천천히 따스하게 다가오네

오해는 이해로 가는 과정이야

오해를 넘어 이해가 될 때
갈등이 녹아 진심으로 피어나네

인내의 빛

인내란 포기하지 않는 마음
거친 바람 속에서도
하나의 방향을 향해
꾸준히 나아가는 용기

인내란 꿈이 꿈틀거리는 시간을 견디는 것
앞이 보이지 않더라도
숱한 기다림의 무게가 내공의 돌이 되어
스스로 길을 만들어 가는 여정

인내란 원하는 방향으로 나아가는 것
결국 꾸준한 물줄기가 바위를 뚫듯
일이 이루어질 때까지 격려하며
언제나 옆에 있어 줄 수 있는 믿음

따스한 집밥

고슬고슬한 밥과 보글보글한 찌개
한 숟가락 먹으면 언제나 따스하다
아빠 오늘은 어깨와 가슴을 펴세요
마음의 허기도 안아줄게요

아삭아삭한 김치와 장아찌
냉장고에 가득 쟁여두면 언제나 든든하다
엄마 매일의 선물을 주셔서 감사합니다
숙성된 재료처럼 사랑도 매일 커져만 갑니다

신선한 채소를 곁들여 먹으니
몸도 마음도 언제나 건강하다
나도 이제는 제대로 챙겨 먹을 거예요
내 안의 씨앗을 열매로 키워야 하니까요

한밤의 운동 1

달리기하러 나가는 밤
쓰레기를 들고 나가니
경비 아저씨께서 정리 중이라며
이 자리에 그냥 두고 가란다

공원을 오니 오늘따라 환한
가로등 불빛이 두 배나 많아졌다
앞길마저 꽃길로 비춰줄 듯하다

한참 뛰다 보니
나와 똑같은 운동화로 달리는 누군가가
끝까지 완주하라는 듯 보폭을 맞춰 움직이며

하늘 높이 뜬 반달 주변으로
오색찬란하게 비치는 달무리가
대낮의 햇빛보다 눈부시게 빛난다

작은 우연들이 퍼즐처럼 맞춰져
소소한 기쁨을 선사한
오늘의 밤

리듬에 몸을 맡기고 조금씩이라도 움직이면
세상도 나를 저절로 반겨준다

한밤의 운동 2

평소에는 달리면서 바라보는
주변의 다채로운 풍경이 좋더니
오늘따라 밤하늘에 우직하게 떠 있는
하나의 별이 내 중심을 잡아준다

오롯이 반짝이는 별 조각은
내 땀방울도 빛나게 하고
땅의 지면에 부딪히는 발걸음과
길가에 노란 꽃 무리의 응원이
나를 앞으로 자석처럼 이끈다

꾸준히 나의 길을 가며
나의 속도로 조금씩 나아간다
한 발 한 발 내디딜 때마다
오늘도 잘 살았다고
땅도 나를 든든히 격려하며 품어준다

사람 사이에는 바다가 움직인다

인간관계는 밀물과 썰물 같은 것
가까워질 때의 따뜻한 물결은
잔잔하면서도 활기를 불어넣고
마음에 깊은 여운을 남기지만

친밀했던 관계가 멀어질 때면
떠나보내는 아쉬움 속에서도
나만의 깊어지는 바다를 만들며
부서지고 다져지는 과정을 겪는다

썰물이 다시 밀려올 때를 기다리며
우리는 갈등을 화해하고
새롭게 마음을 다잡거나
또 다른 누군가의 파도를 맞이한다

인간관계는 바다라는 커다란 거울에
서로 투명하고 솔직한 마음이 비치는 과정

사람 사이는 자유롭게 움직이는 파도처럼
끝없는 가능성과 따스함을 품고 있다

우정의 여백

앞으로 다가올 우정은
인연에 얽매이지 않고
어디서든 피어날 수 있기를
열린 마음으로 받아들이고 싶다

우정은 서로의 관계를 유지하며
한 걸음씩 내딛는 것
화초처럼 충분한 물을 주고
아름답게 서는 과정이기에

흐르는 물처럼 순환되는 우정으로
일상에 기쁨과 감사를 더하고
자신과의 우정도 깊이 뿌리내리며
내 삶을 풍요롭게 하고 싶다

진정한 우정은
각자의 길을 가지만
언제나 서로를 비추는
따스한 햇살과 같은 것

마음의 거리

사람 사이에도
N극과 S극이 있다
가까우면 비슷해서 끌리고
멀면 반대라서 새롭다

마음에도 간격이 있다
눈에 보여도 서로 가깝지 않은
하늘의 별처럼
사람과 사람 간의 거리가 존재한다

아무리 손을 뻗어도 닿을 수 없는
그리움과 외로움들이
때론 마음의 중심을 잡고
적당한 거리를 유지하게 만든다

내 말이 힘이 될 수 있길

내면의 쓸쓸함이 솟아오를 때
조용히 마음을 달래며
흔들리는 말들을 체로 걸러내어
맑은 말 한 방울
차분히 떨어뜨리고 싶다

가슴 깊은 곳에서 우러나온
내 말 한마디가 잘 정제되어
누군가 말이 고팠던 순간에
든든한 울타리로 다가갈 수 있기를

서로의 마음을 어루만지며
내어주는 말을 하기를
내 차가웠던 외로움도 따뜻하게 감싸며
부드럽게 녹아들고 싶다

내 시도 추어탕처럼

우연히 들른 24시간 추어탕집

민물 생선의 알싸한 감칠맛
아삭아삭 김치와 한입 베어 무는 깍두기가
입안에서 미각을 새롭게 돋운다

우걱우걱 씹히는 우거지
들깻가루와 산초가루의 조화
서비스로 나오는 누룽지의 든든함까지

미꾸라지를 통째로 넣거나 갈아서 요리해도
다양한 방법으로 완성되는 맛처럼
나도 입맛 다시는 글을 쓰고 싶다

읽고 또 읽어도
마음을 건드리는 시를
그 마음이 내 글에 스며들기를

자랑스러운 가게의 맛처럼
나도 진국인 추어탕 같은 시를 적고 싶다

당신이 선명해질 때

초판 1쇄 발행 2024년 11월 1일

지은이 박수정(글벗미리내)

발행인 방수영
발행처 도서출판 놀북
출판등록 제 573-2019-000011호
주소 충북 청주시 상당구 수영로162 101호
전화 010-2714-5200
전자우편 nolbook35@naver.com

ISBN: 979-11-91913-34-7(03810)